Le Rire

PAR

COQUELIN CADET

ILLUSTRATIONS DE  APECK

DEUXIÈME ÉDITION

PARIS

PAUL OLLENDORFF, ÉDITEUR

28 *bis*, RUE DE RICHELIEU, 28 *bis*

1887

Il a été tiré dix Exemplaires sur papier du Japon

numérotés à la presse (1 à 10)

Le Rire

DU MÊME AUTEUR

La **Vie humoristique**, 1 volume grand in-18.

L'Art de dire le Monologue, 1 volume grand-in-18.
(en collaboration avec COQUELIN aîné).

Le Cheval, monologue, illustré par SAPECK.

Fariboles, dessins de HENRI PILLE, 1 volume in-4º.

À

ÉTIENNE GROSCLAUDE

SOUVENIR TRÈS AMICAL

CADET.

CHAPITRE I

Causes du rire. — A la comédie. — Dans la rue. —
Sur les paquebots. — Douleurs comiques. — Rire
raté. — Le rire aux enterrements, aux baptêmes,
aux mariages. — Rire produit par les acteurs gais
et par les acteurs tristes. — Se tordre de rire. —
Le rire hygiénique. — Différents rires.

LE RIRE

N a beaucoup écrit sur le rire, mais on n'a pas déterminé d'une façon absolue ce qui fait rire.

Évidemment c'est l'imprévu, c'est l'image soudaine d'une

chose bouffonne inattendue et entrevue,
à la seconde, dans un mot, dans un
son, dans un mouvement, dans un geste,
dans une grimace; c'est ce qui atteint
directement la rate, en passant par les
yeux ou les oreilles, c'est-à-dire le cer-

veau, c'est l'expression outrée d'un état de
l'âme, l'exagération d'une manière d'être
du corps, toute sensation connue qui est
grossie, c'est l'aspect d'une chose sérieuse
bossuée par la charge, par la critique dro-
latique de cet aspect, c'est la déformation
gaie d'un objet grave.

Voici un tableau de maître représentant
une femme d'une beauté éclatante. Suppo-
sez, un instant, que, par hasard, le maître
ait laissé dans la bouche de cette femme

idéale, une pipe culottée. — Vous riez. Voilà
pour les
yeux.

Vous
écoutez un
morceau
de musi-
que de Gou-
nod qui
vous eni-
vre, sou-
dain au
milieu de

ce morceau éclatent
quelques notes de *Der-*
rière l'omnibus. — Vous
riez. Voilà pour les
oreilles.

Au théâtre, c'est encore l'imprévu qui

fait rire. Vous entendez dire par un acteur
une vérité brutale sur un personnage in-
supportable de la pièce : si l'auteur a donné
à l'acteur pour juger ce personnage, un
mot caractéristique, inattendu, la salle
éclatera à ce mot.

Dans le premier acte de *Denise* de Du-
mas, Mme de Pontferrand écorche, mas-
sacre le monde au cours d'une conversation

brillante et féroce. Un ami de M. de Pontferrand dit au mari : « *Mme de Pontferrand
a beaucoup d'esprit.* » — Et Pontferrand
répond en souriant : « *Oui, oui, elle est
mauvaise comme la gale.* »

La salle part d'un éclat de rire, parce que
l'image est imprévue dans la bouche de

cet homme titré, d'une grande distinction
de manières, le mot *gale*, très commun,
mais très juste, éclate comme un obus et
fait partir le rire.

Au théâtre, la répétition périodique d'une
même phrase, d'un même mot, fait rire ; —
entendre dire le contraire de ce qu'on a
l'habitude d'entendre dire provoque aussi
l'hilarité.

Les contrastes violents ont une action
directe sur le rire.

A la ville, un passant très comme il faut
passe sur le boulevard. Il glisse sur une
pelure d'orange, bat l'espace avec ses bras,
son chapeau et sa canne sautent, le passant
s'allonge sur le dos, les jambes en l'air. Ce
passant, très comme il faut debout, n'est
plus que comique, tombant et tombé. Tout
le monde rit. Il s'est fait mal, mais, comme
le rire est de première sensation, on commence par s'esclaffer.

Un individu est dans la voiture d'un

dentiste sur la place publique. Ce n'est pas

gai de se faire arracher
une dent. Le patient —
bonne tête d'idiot — fait
une grimace horrible pen-
dant l'opération, tout le
monde rit à la grimace
et ne songe pas à la
douleur.

Y a-t-il une chose plus ef-
frayante que le mal de mer ?
Y a-t-il une chose plus co-
mique... pour ceux qui ne l'ont pas, que

de voir, sur un paquebot, des gens couleur citron transformés en pommes d'arrosoir?

— C'est tragique, le mal de mer. J'ai vu des êtres sans cœur rire de passagers indisposés qui avaient l'air de vomir même leurs bagages... tant ils se penchaient sur la cuvette ! — C'est affreux, c'est ignoblement égoïste cette façon d'agir, le rire est plus fort que tout, rien ne peut l'arrêter !

Il y a des douleurs véritables dont l'expression fait rire.

Un monsieur vous raconte des catastrophes épouvantables, avec un accent auvergnat ou autre, une grande exubérance de gestes, des yeux débordant des orbites : ce monsieur vous fait crever de rire avec ses catastrophes...

En revanche, un imbécile qui débite une histoire très drôle en annonçant qu'il va nous faire bien rire, nous donne des envies

de pleurer au récit de ses stupidités qui le
font tordre, lui, et que vous écoutez, vous, d'une oreille lamentable.

L est évident qu'on rit plus aux enterrements qu'aux mariages ou aux baptêmes. Est-ce à dire
que c'est plus gai de mourir que de se
marier ou de baptiser un enfant dont on
se croit bien le père ?

— Non.

La loi des contrastes nous poursuit, et
comme il faut avoir une physionomie grave
et triste aux enterrements, alors des flots
de gaieté vous montent au cerveau et
inondent votre gravité. Parce que c'est
défendu, vous avez envie d'éclater de rire,
et vous éclateriez, si vous n'étiez pas ar-
rêté par la majesté de l'église. Vous souf-

frez, un rire terrible bouillonne au fond
de vous-même... surtout si
vous êtes héritier.

PENDANT un mariage
ou pendant un bap-
tême, on a le droit
d'être gai — on serait
plutôt triste. Pourquoi?
Toujours la loi des contrastes. Ce sont
pourtant deux cérémonies graves : le mariage, qui vous enchaîne pour la vie, et le
baptème, qui fait d'un tout jeune être un
chrétien, — ou autre chose, — malgré lui ;
car, quelqu'un l'a dit très spirituellement,
on ne demande pas aux enfants ce qu'ils
veulent être quand on les baptise, catho-
lique, protestant, israélite ; — on les fait
ce qu'on veut, et, un jour, ils ont le droit
de vous dire : « Pardon, pardon, vous
m'avez mis du sel et de l'eau dans le cou,
mais je ne vous avais rien demandé, moi ! »

Dans ces deux cérémonies graves, on rit tout de même. — On rit de la façon dont le mioche écarlate gigote entre les bras de sa nourrice et l'on rit de ce lapsus éternellement entendu en sortant de la sacristie après un mariage : « Allez-vous jusqu'au cimetière ? »

Je me rappelle un mariage, il y a quelques années. — Nous revenions de la mairie et j'étais tout remué par les formalités civiles : le maire avec son écharpe, les paroles austères qu'il avait prononcées d'une voix profonde, solennelle, malgré plusieurs prises de tabac qui avaient ponctué son discours. — Je me trouvais dans la voiture de la mariée.

J'étais assailli de réflexions graves que je faisais sur la longue durée des liens du mariage (le divorce n'était pas encore

voté), — quand un gamin se mit à crier

en courant après notre voiture : « Oh !
c'nez ! oh ! c'nez ! »

Je fus arraché à mes réflexions par ce

cri. Je ne pensais natu-
rellement pas qu'il m'é-
tait adressé. J'ai un nez
régulier.

E regardai la mariée qui
avait un piton ! mais un
piton !... C'était à elle
que le gavroche en avait. Je me mis à rire.

Vous voyez qu'on rit des choses les plus
respectables, même du nez d'une mariée !

Il faut le reconnaître sérieusement, les
choses tristes, quand elles font rire, font
bien plus rire que les choses gaies.

Les comiques tristes ont toujours eu sur

le public une action plus grande que les comiques gais.

Le rire communiqué par un tempérament gai se propage petit à petit, le feu est mis à la salle par degré : ça prend, ça pétille, ça flambe, le rire va crescendo.

Le rire communiqué au public par un tempérament lu- gubre part sou- dain, emporte toutes les rates dans une explo- sion de rire — par la raison que l'étincelle qui al- lume ce rire su- bit est inatten- due. Les specta teurs sont bien tranquilles devant un masque morne, un

nez allongé, des yeux presque éteints —
paf! un mot violent sort tout à coup de cette
bouche d'acteur funèbre — et comme on
ne s'y attend pas, le mot a plus de puissance, l'éclat de rire part comme un coup
de foudre et parcourt la salle comme un
tonnerre.

Il faut être naturel pour faire vraiment
rire, l'excentricité a moins d'action sur le
public que le naturel. On peut dire aux
acteurs : « Si vous avez l'air d'un assassin
comme acteur, ne cherchez pas à vous
corriger, gardez l'air assassin. Soyez naturel. Le public vous ayant admis avec
cet air, vous prendriez, à la place de l'air
assassin, l'air gendarme que vous trom-
periez le public. »

Le milieu dans lequel on vit, l'atmo-
sphère, la digestion, ont une grande in-
fluence sur le rire.

Les gens qui ont mal à l'estomac ne
rient pas. Les gens qui ont la colique non

plus. Il faut se bien porter et être bons,
pour rire, pour rire vraiment — les mé-
chants ne rient pas, c'est leur châtiment.

Le rire, quoique partant de l'entre-sol
de l'individu, a son siège dans la tête, —
pas au Sénat, dans la tête ; — ceux qui
jouissent d'une excellente constitution in-
tellectuelle rient volon-
tiers. Rire à se tordre
n'est pas commode. On
ne dit pas souvent en
disant vrai :

« Je me suis tordu. »

Se tordre est pourtant l'idéal du monde
entier, car le rire est hygiénique, radical
et conservateur, il active les fonctions or-
ganiques, il rafraîchit le cerveau, il fait
s'épanouir la rate, il donne du jeu aux
côtes et au ventre, et, en somme, il n'est
pas désagréable aux reins.

Dans le monde, il y a les gens qui ne rient
pas du tout — et qui s'amusent à mourir —

d'ennui; ceux qui éclatent pour rien et qui
rient à se faire éclater (ces rieurs n'ont rien
de commun avec les abonnés du *Mardi* au
Théâtre-Français, beaucoup plus réservés).

Ceux qui poussent un ah! et puis c'est tout.
Les gens qui rient aux larmes — de tous les
côtés. Les gens qui ont la figure si convulsée

qu'ils ressemblent à de vilains masques en
caoutchouc. Ceux qui rient avec des hoquets
joyeux rappelant les hihan d'un âne ravi.

2.

Les gens d'esprit, les observateurs rient silencieusement, les gens stupides rient d'un gros rire bruyant et bête.

Il y a ceux qui, comme maximum de la joie, sourient simplement ; — ça fait compensation à ceux qui lorsqu'ils entendent une farce crient « assez ! » à tous les mots en agitant les jambes — vrais coups de pied de cheval — dans un fauteuil, et en s'essuyant les yeux de désespoir de ne pouvoir rire davantage. Il y a ceux qui rient faux, d'un rire agaçant au-dessus ou au-dessous du diapason normal du rire. Il y a ceux qui rient comme des crécelles, trop haut, et les gens qui rient dans la cave comme des ivrognes.

Autant d'individus, autant de rires. Le rire c'est l'homme, c'est la signature de son caractère, de sa santé.

Ce qui fait rire celui-ci, ne fera pas rire celui-là, et remarquez que le public se

compose de personnes qui, séparément,
ne rient pas pour les mêmes choses : réu-
nissez ces personnes, faites-en le public,
et elles vont rire ensemble, au même endroit emportées à la même seconde dans
la joyeuse communion du rire.

De grands philosophes, de grands hu-
moristes, ont essayé de dire pourquoi l'on
riait — ils ne l'ont pas dit exactement.

Et j'ose chercher le pourquoi des choses
joyeuses, si bizarres et si complexes ! C'est
cela qui devrait faire rire.

CHAPITRE II

Diable caché en nous. — Joie égoïste. — Le rire
supérieur. — Rire bourgeois. — Rire à la Paul
de Kock. — Rire excessif. — Dans le grand monde.
— Les échelons de la gaieté. — Le rire de Rabelais. — Nos auteurs comiques. — Rire forain. —
Rire humoristique. — Rire populaire.

A Grenet-Dancourt.

On pourrait croire que ce qui nous fait
rire est une espèce de diable caché en nous

qui secoue notre gravité et nous fait éclater
au moment précis où il ne le faudrait pas

Un monsieur nous raconte que sa belle-
mère est morte, ce diable caché en nous
nous fait dire : « Vous voulez rire ! » A
moins que cette nouvelle de la mort d'une
belle-mère ne nous soit apportée par un véritable ami, auquel cas nous subissons le
contre-coup de ce malheur — ou de ce
bonheur.

Dans toutes les études qui ont été faites
sur le rire, on a été d'accord pour affirmer
que c'est la joie égoïste de voir le malheur des autres, pendant qu'on est dans
une bonne situation de santé et de fortune, qui excite le rire.

Il y a évidemment, dans le rire qui éclate aux petits malheurs du prochain,

la sensation d'une supériorité, c'est ce qui explique le rire qui part à la vue d'un homme dégringolant de cheval, d'une dame se disposant à s'asseoir à table, ne visant

pas bien la chaise, et s'allongeant sur le parquet. On est d'aplomb et solide sur les jambes pendant que le voisin s'étale. On lui est vraiment supérieur — cette supériorité se manifeste par le rire.

Le rire est partout.

Dans un milieu bourgeois, la plaisanterie n'a pas besoin d'être violente pour faire rire. On joue au loto en famille le soir sous la lampe fidèle (pourquoi fidèle, les lampes trahissent donc?). Un jeune homme plaisant, au lieu de crier 11, dira « *Sarah Bernhardt et son parapluie.* » L'auditoire sera plongé à l'instant dans l'hilarité. Un enfant met les lunettes de sa grand'mère, le chapeau à larges bords de son grand-père en faisant des effets de canne avec le rotin de son père, il a un succès inouï.

Azor se tient sur son train de derrière avec le bonnet grec du maître de la maison sur l'oreille, une pipe entre les dents, on s'esclaffe.

Ici le rire naturel est vraiment chez lui. Dans la même maison on tire les *Rois*. La galette est distribuée, on attend, anxieux, la proclamation du roi, — le roi est un bon *fumiste* qui avale la fève sans dire un seul mot.

On sera d'abord décontenancé, puis tout le monde rira de cette plaisanterie... surtout si le *fumiste* s'accuse de bonne grâce, donne des rendez-vous pour retrouver la fève et paie nonobstant des choses à la société et à la reine.

Toujours même maison, le mardi gras, on fait des crêpes. La cuisinière — par malheur — a laissé tomber dans la pâte une bobine de fil blanc.

On mange les crêpes — le fil blanc reste dans les dents des invités et semble un mince macaroni d'une longueur extraordinaire, — comme tout le monde est à la gaieté, à cause du mardi gras, on ne se préoccupera pas de ce petit malheur et on en rira à gorge déployée — cependant que des gens peu délicats avaleront le fil sans sourciller. C'est là qu'on pourra dire plus que jamais que le rire purifie tout.

Chez certaines gens d'une éducation plus relevée, aux habitudes luxueuses, le rire partira moins facilement. La plaisanterie au simple sel sera trop faible pour propager l'hilarité. Il y faudra quelque chose de plus inattendu, de plus fantaisiste, le rire deviendra là, pour ainsi dire, littéraire. Tel homme d'esprit racontant telle farce quelconque ne fera pas bouger l'auditoire, et une drôlerie haute en couleur, d'une

bouffonnerie capricieusement ouvragée
plaira et déridera l'assemblée.

Dans le grand monde, pour qui sait regarder, le comique existe aussi très intense.
Il est évident que les trop grandes manières
exagérées font rire. Regarder un monsieur suprême de distinction ne pas parler
du tout, parce que c'est excessivement distingué de garder un silence profond en
société, ou regarder parler un monsieur
avec une bouche en... dos de poule, sous
prétexte que c'est tout à fait aristocratique
de parler ainsi, excite le rire,

Grandes dames faisant trop la roue,
messieurs couverts de plaques et de décorations, arborant un sourire si vainqueur
qu'il semble dire : « vous savez, je les
gagne à tout coup, les décorations, moi; »
domestiques à l'air bouffi, promenant les
plateaux de punch et de glaces comme
s'ils promenaient des Saints-Sacrements;
— musiciens soufflant et grattant derrière

des feuillages en ayant l'air de jouer une mu-

sique bien plus chère que partout ailleurs

composent une variété de gonflements, de

bouffissures vraiment comiques que l'épingle du rire fait joyeusement crever.

Il ne faudrait pas croire pourtant qu'il n'existe qu'une façon de s'esclaffer. Ce serait dommage si la qualité du rire était partout la même, si l'on riait aux parades de la foire, comme on rit aux chefs-d'œu-

vre de Molière ; si le rire ne s'affinait pas,
ne se subtilisait pas pour ainsi dire, ne deve-
nait pas plus ailé, en raison de la finesse
de son essence, de la hauteur de son essor.

Je sais qu'il s'adresse au ventre, ce
rire si désiré, si aimé, et qu'on n'a pas
malheureusement trente-six ventres pour
rire de trente-six rires différents, mais
l'esprit, premier moteur de la joie et tamis
du rire, fait que l'on rit d'un nombre in-
calculable de façons. L'esprit décide de
l'intensité du rire ; il y a des échelons dans
l'échelle de la gaieté, que l'on monte ou
que l'on descend selon que le rire satisfait
plus ou moins les instincts élevés ou bas
de notre individu, selon que le rire contient
en lui ce qui peut caresser nos appétits de
rieur simplement physique ou de rieur
littérairement intellectuel.

Il y a un rire qui nous donne la double joie de l'esprit et du corps, celui-là saluons-le, c'est le rire par excellence, c'est le rire immortel de Rabelais qui met en branle tout notre organisme et nourrit notre esprit en le perfectionnant, c'est ce rire français qui, lorsqu'il nous prend, est si large et si sonore, qu'on a l'air de rire avec son cœur. On dirait un rire patriotique.

Un rire fin, charmant, c'est le rire que

nous donne une comédie où se trouvent

réunis observation, esprit, caractères où
l'heureuse nature d'un auteur vraiment gai
et délicat se manifeste presque à chaque
mot, où les scènes se développent brillamment dans un dialogue qui pétille, où
les personnages ne parlent que pour mettre en joie le public, et au milieu de ce rire
d'une espèce si délicieuse, l'intrigue se
mêlant, s'enchevêtrant pour se démêler au
dénouement, le rire qui nous chatouille
l'esprit à l'audition des pièces de Gondinet
qui nous montre la vie toute enguirlandé
de fleurs riantes !

Le rire d'Augier si éclatant, si intense,
n'a rien de commun
avec le rire de Du-
mas, si incisif et si
brillant ; les deux
rires qu'excitent ces
deux grands écri-
vains n'ont qu'une
communauté, la puissance. Mais leur rire

est différent et donne bien la caractéristique de leurs merveilleux tempéraments d'auteurs comiques.

Le rire de Sardou et le rire de Pailleron éclatent brillamment comme des fanfares, — c'est la gaieté même, — quoique ces deux hommes par nature soient des pince-sans-rire d'infiniment d'esprit.

Henry Becque a un rire noir et Octave Feuillet un rire rose.

Le rire de Meilhac, dans lequel le sourire d'Halévy s'est fondu si longtemps, est joliment parisien, boulevardier, exquisement français.

On pourrait dire qu'il est distingué, si le rire pouvait jamais l'être !

C'est maintenant Philippe Gille qui rit avec Meilhac. Le rire de Philippe Gille est d'une bonhomie toute spirituelle, d'une

franche originalité, facile et imprévue, témoignant d'une sincère gaieté.

Et sur tous ces rires célèbres rayonne le rire de Labiche, qui représente le grand rire gaulois, le rire moliéresque emportant

tout dans sa largeur, dans son éclat, rire
irrésistible, merveilleux,
qui fait d'Eugène Labiche
un bienfaiteur de l'hu-
manité.

Après ces rires de
grande lignée, il faut parler du rire tout
simple qui ne donne aucune satis-
faction à l'intellect, et ne s'a-
dresse qu'à la rate, le rire
qu'inspire le bas comique. Rire
tout à fait primitif qui détend
les gens d'esprit en les réjouissant et qui
ravit en extase les spectateurs moins éduqués, — c'est le rire que nous devons aux
pitres.

J'ai vu de grandes intelligences se repo-
ser aux drôleries sans prétentions et aux
joyeusetés bêtes des jocrisses forains. Ba-
dauds et hommes d'esprit dégustaient avec
plaisir les coq-à-l'âne de la place du Trône,
de Saint-Cloud et de Neuilly. L'hilarité

toute naturelle qui descend de la devanture des baraques sur la voix des frippesauces délasse et fait oublier les soucis quotidiens.

C'est comme un bain de son après un sérieux voyage.

Le rire que nous inspirent les clowns dans les cirques est moins grossier; ils sont naïfs, les clowns, mais on sent dans leur façon d'amuser la galerie une certaine recherche. l'ingéniosité qu'auraient des enfants malins.

Une scène — fort naïve — qui ne manque jamais son effet, c'est celle où l'on voit un clown ayant la prétention d'arrêter à toute force un cheval lancé au galop s'accrocher à la queue de l'animal et être entraîné autour de l'arène sans pouvoir retenir le cheval. Les mines de macaque que fait le

clown, les cris de paon qu'il pousse sont
inénarrables, — personne ne résiste à ce
spectacle, — on rit.

Une scène plus ingénieuse : un clown à
l'accent anglo-français agace, turlupine
sournoisement un écuyer du nom d'Henry,
en répétant après chaque gifle, coup de
pied au derrière, croc-en-jambe donné à
l'écuyer : « Tiens, Henry » (lisez Hannrey!),
— après quoi le clown se promène, l'air
indifférent, le nez en l'air, puis recom-
mence son manège. Henry, fatigué de rece-
voir tant de gnons, va chercher un bâton

et en donne un coup épouvantable à monsieur clown qui ne l'a vraiment pas volé.

Le clown tombe et fait le mort. Henry
rentre heureux d'avoir exterminé l'insolent
clown. A peine Henry est-il à la porte, que
le clown, qui fait le mort, se relève un peu
et crie : « Mossieur Hannrey! pardonnez-
moâ, maintenant que je souis morte! »

Tout le monde rit de ce clown qui ne
devient poli qu'après sa mort, qui a traité
Henry d'Henry pendant sa vie et qui, une

fois mort, l'appelle gros comme le bras :
Mossieur Hannrey!

C'est là de l'humour véritable que cette
politesse posthume de clown.

Et tout cela compose le rire populaire.

Chapitre III

Le rire à tous les âges de la vie.

E rire des enfants à Guignol est un rire naïf, naturel. Il a pourtant l'air d'un rire immoral, car cet ivrogne de polichinelle qui est mauvais mari, mauvais citoyen, bâtonne le commissaire, image de la Loi, et c'est pour les jeunes spectateurs une adorable source de rire que la vue de l'Autorité rossée par la Débauche.

Les petits amateurs de théâtre, — qui ont un cœur pacifique, — trouvent que Polichinelle et le commissaire, quand ils se battent, sont deux personnages irrésistibles de comique.

Le chat, dans ces drames guignolesques, les étonne un peu; mais comme il est mêlé aux bagarres où juge, gendarme, potence, femme de Polichinelle, jouent des rôles actifs — les enfants rient du chat par-dessus le marché.

Quel rire argentin est celui des babys s'esbaudissant à ce spectacle en plein air ! Il faut voir leur physionomie s'épanouir aux évolutions des marionnettes.

Dans le regard naïf de l'enfant transperce et luit sa petite âme — si disposée à la joie.

entendre rire tout ce petit public rose, on croirait que les acteurs de carton sont devant un parterre d'oiseaux.

Rabelais a dit que rire est le propre de l'homme ; c'est à Guignol qu'on observe combien c'est aussi le propre de l'enfant, — ce petit homme, né pour le rire, et qui pleure tant, dès qu'il aperçoit la lumière du jour, comme s'il était inconsolable du néant d'où il sort et où il ne devait pourtant pas s'amuser.

Après les premières surprises causées

par les premiers objets entr'aperçus au
seuil de la vie, l'enfant rit des grimaces
que lui font, pour l'amuser, ses parents et
sa nourrice, mais celui qui obtient le premier rire franc et bien sonore du baby,
c'est Polichinelle!

Cher Polichinelle! tout bigarré de couleurs chatoyantes, orné de deux bosses
qui sont bien les deux bosses de la

joie, avec ton visage carabossé, tes
sourcils blancs, ta perruque blanche,
ta pratique sur la langue, tes jambes
minces, tes bas de satin et tes sabots
dorés nous t'aimons, malgré ta mauvaise éducation, tes vices insupportables, ton mépris de la justice, ta lâ-
cheté, ton ivrognerie qui rougeoie ta
figure cynique, puisque tu es l'instrument
de rire des petits chérubins à qui tu

fais connaître la première ivresse du plaisir !

Après, c'est à la pension qu'on entend
les rires fous — pendant la classe, quand
le rire est fruit défendu. Alors on éclate
sous cape, on rit dans son pupitre, après

avoir appuyé le mot *âne*, à la craie, sur le
dos du voisin, après avoir lâché un hanneton dans la classe, hanneton qui va généralement se poser sur le nez ennuyé du
professeur ; après avoir lancé au plafond

5

une boulette de papier mâché avec un bonhomme en papier tenu à la boulette par un fil... — Ce qu'on rit!...

— Qui a fait ça? crie le maître.

Personne ne bronche sur les bancs.

— Toute la classe en retenue! s'écrie le maître.

On va en retenue — et l'on y rit en se rappelant le hanneton envolé, le bonhomme envoyé là-haut.

Avec le bonnet d'âne, l'écolier, agenouillé dans un coin de la classe, rit encore en attrapant des mouches, en faisant des pieds de nez à ses camarades studieux, en tirant une langue vengeresse du côté du pupitre du maître.

La classe entière éclate de rire à la vue de cette langue, immensément sortie d'une petite bouche de gamin.

Que de rires dans une école!

L E maître, seul, ne rit pas, car il est payé par les parents pour ne pas rire — sans cela !

Parmi les rires sco- laires, ce- lui du ly- céen part très facile- ment. Ce rire console du grec, du latin et du lycée noir. Pas gai de mettre en bouteille dans un lycéen toute cette science! c'est une besogne austère., il faut bien qu'il rie ce pauvre lycéen. Il s'amuse des facéties à la mode qui lui sont apportées par les externes; il en savoure la joyeuse stupidité partout, dans la cour, au réfectoire, au dortoir — même en rêve pour ne pas perdre une se- conde du temps où il lui est permis de rire.

Et plus tard, quand l'amour met le feu
aux poudres de son cœur, le jeune homme
s'en va à Meudon ou à Louveciennes, avec
une belle fille aux lèvres roses, aux dents
éblouissantes, aux yeux débordants de suc.
Il repaît sa vue d'un joli visage encadré
d'une chevelure — nimbe châtain d'une
tête charmante ! — il sent contre lui un
corps souple aux lignes pures, rebondi
aux beaux endroits, il respire une odeur

de printemps qui se dégage de la jeune femme heureuse de vivre...

Mettez ce couple dans un beau paysage, faites passer dans les feuilles un souffle d'avril, figurez-vous un ciel fin et nuancé comme ceux qui nous ravissent dans les tableaux de Cazin. Regardez la tête radieuse du jeune homme penchée vers celle de l'exquise créature qu'il conduit — et écoutez...

Des éclats de rire légers s'échappent de leurs lèvres et montent dans l'air. Ah! le joli rire, heureux et jeune, le plus joli rire de la vie! celui qu'entend la vingtième année et qu'accompagne la chanson des branches, celui qui éclate sous les amandiers en fleur, — le rire que les fauvettes connaissent. Rire perlé, rire divin des amants.

— Rire qui a traversé deux cœurs et qui vient s'égrener sur quatre lèvres entre deux baisers riants ! . . . .

. . . .

Je me souviens des rires fous qui
m'ont terrassé, qui ont exterminé ma
rate les premières fois que je suis allé
au Palais-Royal. J'avais seize ans, je
m'amusais tant que j'en étais malade
de rire.

J'arrivais au rire convulsif, celui qu'on
ne peut arrêter, qui peut nous faire écla-

ter comme un ballon, le rire qui fait crain-
dre l'explosion du rieur. Mon ingénuité

provinciale était à une noce exceptionnelle
quand j'allais admirer les excellents comi-

ques qui faisaient alors courir tout Paris.

Combien je riais !

A vingt-cinq ans on rit encore beaucoup,
mais plus avec cette ardeur, cet amour d'a-
musement qu'on a dans la prime jeunesse.

C'est évidemment à seize ans que les
immenses rires vous prennent. On entre
dans la vraie vie à cet âge et les premiers grands éclats de rire partent
comme de vrais feux d'artifice pour célé-
brer la nouvelle existence.

Le rire se transforme avec l'âge.

De vingt-cinq à trente-cinq ans on rit

d'une façon plus nuancée, on crève moins
de rire — crever de rire, quelle belle chose !
— la gaieté se tempère. Il est entendu
qu'il n'est question ici que des rieurs in-
telligents, non des idiots qui rient de tout
avec le même entrain et le même manque
de motif.

Est-ce à dire que lorsqu'on avance vers
la quarantaine on rit avec plus de discer-
nement, qu'on met sa raison en travers de
sa rate, qu'on l'oblige à une certaine modé-
ration, sa rate? Oui, sans doute. Et si
l'on pouvait dire ceci, j'insinuerais avec
précaution que, passé la trentaine, on rit
plus sérieusement...

Le rire de l'homme de quarante ans est
singulièrement distinct du rire des autres
âges.

A quarante ans on déguste le rire, on
n'a plus l'abandon immédiat des jeunes
rieurs, le rire est comme philtré par les
ans. On ne se méfie pas précisément avant

de rire, mais on se livre moins, on écoute avec une certaine prudence, on savoure les saillies joyeuses en gourmet intellectuel, en dilettante du rire.

Plus on avance en âge, plus le sentiment de défiance s'accentue pour le rire, l'observateur entrave le rieur. — On est tout à fait difficile à amuser en vieillissant — surtout si la santé se détériore, si l'estomac se détraque; alors on devient un rieur intermittent et ergotant, — un rieur qui ne rit plus.

Quel bon rire à entendre que le rire des vieillards bien portants! Il est la preuve d'une vieillesse heureuse et robuste. L'ouïe et la vue, tout est resté presque excellent chez ces vieillards-là, — la joie des mots et la joie des gestes d'un acteur comique leur entrent, comme un régal, par les yeux et par les oreilles.

Le rire des gens de quatre-vingt-dix ans, très déjetés, courbés sous le faix des années est un rire rappelant, sans avantage, le bruit des vieilles crécelles.

C'est un vilain rire sec, saccadé, une sorte de rire en bois qui part du nez et des épaules, le ventre est si peu solide et

si plat que la rate n'ose plus bouger de peur de tout faire sauter. Ce rire, sans gaieté, secoue toute l'ossature du vieux monsieur maigre qui semble avoir manqué le dernier convoi au railway de la mort, au P.-L.-M. de l'éternité.

Le rire du centenaire tout tremblant est affreusement affaibli. C'est un souffle qui semble rire, ou un rire qui semble souffler.

Je parle du rire des centenaires de Paris — (bien rares les centenaires parisiens, et

bien usés ; j'excepte le superbe et résistant M. Chevreul) — les centenaires de province poussent encore de vigoureux éclats de rire, car la province conserve et garde longtemps solides ses vieux enfants. Les centenaires provinciaux ont la force de rire jusqu'au rire final, dont l'écho doit résonner dans la grande avenue des Champs-Élysées de l'autre monde !

CHAPITRE IV

Le rire dans une salle de spectacle. — Spécimens
de rieurs.

Le rire donne le degré d'intelligence, de compréhension rapide ou lente de chaque rieur.

Il faudrait photographier toute une salle de spectacle riant en écoutant une pièce comique, pour avoir un vrai choix de physionomies expressives différentes, un échantillon de gaietés diverses.

Ce spectateur, la bouche fendue, les larmes aux yeux, se livre tout entier au plaisir de crever de rire. Peu importe sa condition dans le monde à ce spectateur. A-t-il des soucis domestiques? Il n'y paraît guère.

Cet autre rit avec gravité. Ce doit être un chef de bureau, obligé dans la journée

de se faire un visage de glace pour avoir l'air administratif. L'administration le poursuit, le soir, jusque dans son rire. Il rit administrativement.

Celui-là a une physionomie d'une finesse extraordinaire, les yeux plissés à l'excès témoignent, dans leur expression de malice satisfaite, d'un bonheur de raffiné.

On sent une indicible joie dans toutes les profondeurs de son être.

En voilà un immobile, — insensible à la joie comme à la tristesse — il s'amuse comme une borne, et en a bien l'air.

Voici les contorsions d'un homme qui discute son plaisir. Le pli fort accusé, entre le front et le nez, donne bien l'expression d'un individu qui ergote et ne s'amuse pas comme tout le monde. Minute! il faut savoir si cela vaut vraiment la peine de rire. Il n'a pas envie de rire pour rien, lui. L'imprudent! pendant ce temps-là le plaisir passe!

ET homme aux fauteuils d'orchestre dort d'un profond sommeil, un pâle sourire voltige sur sa grosse lippe — papillon anémique sur un vilain fruit. Ce spectateur vient de rêver, au théâtre, qu'il s'amuse.

Qu'a donc ce vieillard sec? Pendant que tout le monde rit, sa figure exprimé un

6.

immense regret. — Il trouve idiot qu'on rit des choses de maintenant, hausse les épaules à chaque éclat de rire de la salle et regrette jadis.

En voici un autre qui rit en poussant des « ah! » joyeux qu'il essaie de réprimer sans y parvenir. Il est venu au théâtre pour beaucoup s'amuser et regrette de ne pouvoir s'amuser davantage.

Oh! ce gros monsieur! Deux larmes coulent silencieuses sur une grimace, deux grosses mains répriment les brusques mouvements d'un gros ventre secoué par le rire. Voilà comment se divertit ce gros monsieur. Excellent homme, tout à fait sympathique à tout ce qui a la prétention d'être joyeux.

Cette figure impassible avec des yeux très brillants est celle d'un spectateur qui n'est pas impressionné au théâtre, mais qui — une fois couché — va rire de souvenir à faire sauter son édredon.

Quel est ce rire à coup de poing? C'est celui du potache qui exprime sa joie en tapant de toute sa force sur ses cuisses, et quelquefois sur ses voisins — ce qui ne fait aucun plaisir à ses voisins — qui se fâchent — mais le potache continue.

Il y a des rires de commerçants qui n'éclatent que quand il est question de leur profession : droguerie, mercerie, plomberie, charcuterie, etc.

Ils resteront froids, ces commerçants,

au reste de la pièce. Ce sont des rieurs exceptionnels.

Le rire du larbin qui s'amuse beaucoup au Théâtre-Français — à l'ancien réper-

toire où les Mascarille et les Frontin font sans cesse la leçon à leur maître et leur sont très supérieurs. C'est un rire qu'on entend aux troisièmes et quatrièmes galeries, rire bruyant et vengeur.

Celui-là va éclater, c'est sûr. Il est pourpre, les yeux lui sortent de la tête, sa bouche se fend jusqu'aux oreilles, il rit d'un rire sonore, plantureux, irrésistible. C'est le provincial qui vient oublier sa province à Paris.

Voici la jeune fille. Elle met pour la première fois les pieds dans un théâtre. Elle
n'ose pas rire, parce qu'elle croit que
c'est inconvenant pour une jeune fille,
alors elle pleure d'ennui de ne pas
rire. Plus tard cette jeune fille
se rattrapera, elle rira, derrière un éventail, à gorge tout
à fait déployée !

Cette femme mariée, un
peu mûre, s'ennuie à périr
dans son ménage avec un mari grave
comme la loi et bête comme un pot — aussi
vient-elle au théâtre lâcher toutes ses éco-
nomies de rire.

Le rire de l'étranger qui ne comprend
pas un mot de ce qu'il en-
tend, et qui ne rit que de la
mimique des acteurs.

En voilà un rire excessif
celui des amis de l'acteur
comique ! — la concierge du jeune pre-

mier qui adore l'art et les artistes. —

Ces spectateurs-amis exagèrent ostensible-
ment leur plaisir en riant à tout casser, en
battant des mains, pour montrer au public combien leur ami comique est comique.

Le rire du magistrat intègre. On voit
un simple pli à droite ou à gauche des
lèvres du magistrat intègre — le front,

très haut, reste marmoréen. Ses sourcils se froncent à du Labiche comme
ils se fronceraient à une sentence de
mort.

Où rient les magistrats intègres ? Mys-
tère.

Ce beau garçon-là ne rit que pour faire
voir de belles dents blanches. Ses dents
blanches ne savent pas pourquoi elles rient,
le beau garçon non plus.

Un visage bridé par la prétention est
celui d'un *bas bleu* qui vient au théâtre se

retremper dans le sein de l'art. Le *bas bleu*
rit du bout des dents, comme il applaudit
du bout des ongles — rire prétentieux et
bleu des bas bleu.

Il y a le monsieur qui n'a jamais ri au
théâtre — qu'on n'a jamais pu faire rire —
parce qu'il est supérieur au rire et aux

rieurs... quelquefois un sourire émerge sur
sa lèvre hautaine... un sourire... l'observateur le note... hélas! c'est un sourire

de pitié. Ce monsieur, dans une salle,
est un fléau, un empêcheur de rire en
rond.

Le rire du vieux savant qui ressemble
à un vieux singe.

Le spectateur qui rit quand on tape sur
les belles-mères.

C'est un gendre.

Il y en a généralement quelques-uns
dans une salle.

C'est pourquoi la plaisanterie obliga-
toire sur les belles-mères ne manque nulle
part son effet.

A côté, il y a le rire aigu de la belle-

mère qui s'esclaffe quand on tape sur les
gendres.

Ce bonnet à rubans roses qui s'agite

derrière un carreau de loge — c'est l'ou-
vreuse qui rit dans le corridor en voyant
la pièce.

Voilà un couple gai, un mari et sa
femme, nouvellement mariés et s'ado-
rant. Ils viennent au théâtre pour s'amuser ensemble, rire ensemble — à chaque
éclat de rire ils se cognent mutuelle-
ment le front en voulant se dire ensemble : « Est-ce drôle! » Après quelques
rencontres, le couple gai rit sans bouger.

Il y a le rire sceptique du musicien de

l'orchestre, le
rire naïf du
pompier et le
rire navré du
souffleur.

UEL est celui-là qui rit de confiance avant même qu'on ait levé le rideau? La pièce commence, il rit; un domestique entre, il rit; le domestique annonce un personnage, il rit; le personnage s'assied, il rit; l'actrice apprend au personnage que son père est mort, il rit.

Celui-là est un vrai rieur.

Il n'est venu au théâtre que pour rire.

Enfin, il y a le rire gaulois, populaire du Gavroche, perché en haut de son cher paradis, murmurant : « Oh! mince alors ! »

Le cou tendu, le regard fixe; il s'agite ensuite comme un forcené, serrant des deux mains la barre en fer du paradis comme s'il faisait du trapèze.

Quels joyeux croquis on ferait de tous ces visages grimaçants!

Quelle étude psychologique pourrait écrire un observateur qui supputerait les mille nuances, les mille replis de toutes ces âmes qui, toutes différemment, se nourrissent de gaieté, s'enivrent de joie, le rire aux lèvres, la flamme aux yeux!

Chapitre V

Le rire faux. — Le rire bête. — Le rire des repas officiels. — Le rire à table.

Les Goncourt ont dit qu'il y avait des rires qui sonnaient faux comme des pièces de monnaie fausses; et ils ont eu raison.

Il y a des gens qui rient faux comme des actrices disent faux, comme des chanteurs chantent faux.

Leur rire est à côté du ton juste. au-dessus ou au-dessous. Cela fait souffrir l'oreille et agace les nerfs.

L'homme qui a ce rire peut être doué d'une certaine sincérité ; mais son rire est faux comme le serait celui d'un jeton, si un jeton pouvait rire.

Tout le monde est gai, on rit de bon cœur ; la personne au rire faux se fait entendre, cela jette une note discordante qui arrête la gaieté des autres, — si ce sont des gens délicats. — Si ce sont des cochers qui rient ensemble, dans le nombre il peut y avoir trois ou quatre rires bien faux, les cochers ne s'en apercevront pas, ils iront tout de même de leur gros *voyage* de rire ; — mais pour des rieurs fins, éduqués, joliment pensants, des rieurs qui ont le rire sensible, — il y a une souffrance affreuse à écouter rire la personne au rire faux.

Et si par-dessus le marché, le monsieur qui rit faux est très gai, c'est un bonheur sans pareil de le voir souvent. Il vous offre sans cesse les fausses perles de son rire détonnant.

Ce rire n'implique pas une vilaine nature. On rit faux, voilà tout.

On ne peut pas dire que ce soit un rire triste; il vaudrait mieux qu'il fût triste, il serait franc, au moins. L'homme au rire faux rira toujours faux.

Et le rire bête !

Quelle calamité que le rire bête! Il est très haut, très sonore et très tyrannique.

Le rire bête est un grand rire. Les gens bêtes n'ont aucun scrupule, ils sont bêtes et ne se fichent pas mal d'être bêtes, ils ont carrément et hautement le courage de leur opinion. Ils ont l'air de s'en faire gloire d'être bêtes, et de le proclamer en riant de toutes leurs forces !

Ce rire bête, qui n'éclate que pour d'écœurantes inepties, part comme un coup de canon et dévaste autour de lui toutes les envies de rire des rieurs fins. Les rieurs fins sont foudroyés par le rire bête.

Il n'y a rien à faire quand un imbécile bien robuste et bien gouailleur se met à rire.

Il faut se résigner à être assourdi.

Il faut être philosophe, ne pas se mettre
en colère, parce que si l'on manquait
de sang-froid on se précipiterait à la
gorge du rieur idiot et on lui ferait
rentrer dans le gosier ses larges éclats
de rire imbécile à coups de genou, à
coups de soulier, à coups de n'importe
quoi.

Si l'exaspération vous prenait, ce serait effrayant ce que l'on ferait à ce rieur
beaucoup trop sonore et beaucoup trop
idiot.

Par bonheur, la prudence, les lois du
monde veulent que nous restions anéantis
sur place pendant que le rire bête corne au-

dessus de nos oreilles et jette le malaise et l'effroi jusqu'au fond de nos rates.

Le châtiment de ce rire, c'est que, quand il se fait entendre dans un salon vraiment mondain, on n'a pas l'air de croire qu'il vient du haut de la personne absurde affligée du rire bête.

Fuyons ces rires insupportables et passons au rire charmant, bienveillant, d'une belle source, d'une

jolie sonorité, au rire qu'on entend à table.

Il n'est pas question ici du maigre rire, étouffé à l'instant, qui se hasarde dans les repas officiels; il s'agit du rire, — vrai bouquet de feux d'artifice de gaieté — qui illumine les déjeuners ou les dîners d'amis.

Ici la sympathie, l'aménité, la bonté, et surtout le bonheur d'être ensemble, se sont donné rendez-vous.

Le repas est commencé depuis dix minutes, la première faim est un peu apaisée, vous avez bu deux verres de vin mousseux glacé ou d'un bordeaux doucement réparateur, — vous êtes en train.

Vous vous sentez écouté par des oreilles qui ne demandent qu'à être réjouies, par des intelligences qui vous ouvrent un cré-

dit de fantaisie, illimité. Si, par surcroît,
— quelques jolies femmes sont au nombre
des convives, — qu'elles aient de beaux
yeux, et dans ces yeux la flamme de joie,
la flamme de cordialité, — alors vos trou-
vailles seront extraordinaires, le mot co-
loriste, original, vainqueur, viendra sans
effort sur vos lèvres, vous enfilerez avec
dextérité des colliers de paradoxes bons
enfants, vous serez éblouissant sans fati-

gue, vous caracolerez intellectuellement
sans soubresauts et sans secousses.

Vous ferez épanouir le rire comme le
soleil fait épanouir les fleurs.

Êtes-vous intelligent? Vous deviendrez
remarquable. Remarquable? Vous serez

supérieur. Supérieur? Vous pourrez con-
finer au génie... Qui sait ! tout est possible,
vous êtes si heureux! Les plats sont si
parfaits, les vins si magiques, les cœurs si
ouverts au plaisir, à l'amitié, peut-être à
l'amour ! Vous parlez...

Et vous entendez de jolis rires, clairs,
partir comme un vol d'oiseau, dans l'atmo-
sphère chargée d'odeurs gastronomiques.

On vous déguste. Vous faites rire et
vous riez en même temps. Tout le monde
goûte un bonheur infini.

Le beau rire que le rire à table !

A table, la joie est double, puisqu'elle
est alimentée par cet adorable plaisir du
corps : bien manger ; et, par cet exquis
plaisir de l'esprit, trouver facilement de jolies choses à l'instant comprises et aimées !

Chapitre VI

Le rire dissimulé. — Le rire à l'Odéon. — Le rire
dans les ministères.

> *Ce chapitre ne sera pas illustré.*
>
> *Le dessinateur proteste contre les plaisanteries fossiles de Cadet sur l'Odéon et les déserts qui l'environnent.*
>
> *Ces déserts sont le pays de la jeunesse et de la fantaisie, où Sapeck a rayonné pendant dix ans, et que* Ponchon *illumine encore.*

Le rire dissimulé, voilà un rire intéressant à observer et exclusivement féminin. C'est le rire de derrière l'éventail, le rire sous cape.

Un monsieur très spirituel raconte dans

un salon une chose forte avec un art de
conteur malin, quelques dames écoutent
cette narration pleine de sous-entendus,
en riant presque en silence, en se mettant
à l'abri d'un éventail qu'elles lèvent jusqu'aux cheveux lorsque le rire dissimulé
devient trop intense et qu'il a besoin d'éclater, alors elles pouffent derrière ce petit
rempart de dentelle et d'écaille, puis,
lorsque l'éclat est fini, elles reprennent
une physionomie simplement souriante,
l'éventail à hauteur des yeux.

Le rire dissimulé a bien des aspects différents. Il est curieux à noter en wagon,
où le rire est surexcité par la trépidation
du train. Plusieurs voyageurs ont des ra-
contars aux épices à se communiquer, —
les voyageurs, à moins d'exceptions, ne
sont pas très édifiants comme conversa-
tions (les compartiments étant *réservés*,
les voyageurs n'ont pas besoin de l'être),
surtout si ce sont des gens qui voyagent

pour leur agrément. En voyage, on donne un peu de jeu aux convenances sociales. On lâche quelques gaudrioles sentant leur Armand Silvestre, si elles sont très rabelaisiennes ; quel plaisir de suivre les mouvements divers de la figure de la voyageuse blottie dans son coin, qui a l'*air* de ne pas écouter et qui ne perd pas un seul mot de l'histoire ! Elle fait celle qui dort pour sauver les apparences. Si l'on pouvait voir dans l'âme de cette voyageuse à l'œil clos, on découvrirait qu'elle voudrait écouter le récit vif avec des yeux grands ouverts, la physionomie attentive : hélas ! le monde, le quant à soi, exige qu'une dame paraisse murée physionomiquement pendant que des gaillards échangent de joyeux propos. Une dame ne doit pas bouger. Il lui est absolument défendu de sourciller.

Alors les coins de la bouche qui s'agitent, les yeux qui font des efforts pour rester fermés, le nez qui remue, la démangeaison

suprême du rire combattue par le savoir-
vivre, l'éducation, le respect humain, donnent un bien amusant échantillon de rire
dissimulé.

En somme, ne plaignons pas trop cette
voyageuse, ravie d'être montée avec d'aussi
gais compagnons, elle s'amuse beaucoup
intérieurement, et n'oubliera certes pas
l'histoire drôle à laquelle elle n'a pu prendre
une part visible, mais qui la fera rire loin
du chemin de fer. Si elle s'en souvient...
elle s'en souviendra.

Il y a le rire dissimulé tout à fait intérieur aussi, avec un visage d'une sérénité
parfaite, visage de quelqu'un *qui ne comprend pas un mot* de la chose comique et
gauloise que l'on raconte, et qui cependant
savoure fort bien le sel de la drôlerie. Le
masque n'indique aucune compréhension.
En cherchant dans l'expression de l'œil, on
verrait comme un rayon de joie, mais le
regard reste pur, les traits sont immobiles.

La dame à qui appartient cette physionomie pleine de volonté rit d'une façon si dissimulée que personne ne s'en aperçoit. C'est une rieuse fameusement dissimulée. Dans le grand monde, il y a une masse de rieuses qui dissimulent placidement leur gaieté.

N'oublions pas le rire dissimulé si caractéristique des domestiques qui servent dans les dîners et qui prennent part à la gaieté générale, ils ont toutes les peines du monde à renfoncer leur envie de rire, ils secouent malgré eux les plats et renversent des gouttelettes de sauce sur les dames.

Quand un homme de belle humeur dîne dans une maison où il y a des larbins hilares, c'est un grand bonheur pour les larbins, mais ce n'est pas drôle pour les toilettes.

Les domestiques font de dangereux succès de rire dissimulé aux joyeux dîneurs.

Le rire à l'Odéon, voilà un rire provin-

cial. Les éclats de rire qui éclatent dans le
vieil Odéon sont sonores et naïfs. Ce sont
des gens faciles à amuser qui sont venus
avec confiance tout près du Luxembourg
et qui rient à l'ancien répertoire représenté
par d'agréables acteurs, étonnés de jouer
dans un théâtre aussi lointain.

Un poète a dit :

Le dorique Odéon éloïgné de la ville.

La troupe comique va très bien aux spectateurs de l'Odéon, qui — je parle des ha-
bitués de cet établissement de plaisir — ne
sont pas précisément dans le grand mouvement de Paris. Les comédiens excitent
un rire qui part avec une facilité étonnante.
Le rire odéonien a quelque chose de bourgeois.

On rit dans cette respectable enceinte
sans arrière-pensée.

On ne se dit pas : « Je ris beaucoup
pour un spectateur de l'Odéon. » Non, on

ne se dit pas cela. On rit avec bonhomie, comme on rit dans une maison de
campagne habitée par de braves gens. Le
moindre mot gai va droit à la rate de ce
brave public. Les grands auteurs comiques
représentés, quelquefois à la bonne fran-
quette, par des lauréats du Conservatoire,
ont une action directe sur les auditeurs qui
ne connaissent pas l'ergotage qu'ils mani-
festent dans les théâtres du centre de
Paris.

Racine, avec ses *Plaideurs*, Molière,
avec toutes ses comédies, jettent une joie
sans mélange et *bonne enfant* dans ce théâtre où les couloirs ressemblent à ceux d'un
établissement d'eaux thermales, où les
ouvreuses semblent contentes de voir le
public s'amuser et arborent un sourire
presque maternel en délivrant des contre-
marques.

Les gens qui ont fait le voyage de l'O-
déon se retrouvent au foyer du public avec

plaisir, et se rient les uns aux autres comme des touristes français qui se retrouveraient à l'étranger.

Le rire à l'Odéon est un rire familial très bon, presque un rire patriarcal. C'est bien le rire de gens qui rient là-bas, là-bas. . . . .

Note personnelle.

On joue aussi la tragédie à l'Odéon, — et ce n'est pas gai la tragédie, — mais ce qui l'est, c'est de prendre l'omnibus après une représentation d'un *Macbeth* quelconque, — de se mettre au fond de la voiture et de voir des spectateurs qui frissonnent encore en omnibus, qui échangent leurs impressions à l'oreille de leurs voisins avec des visages affreusement émus. L'omnibus part, presque tous les voyageurs ont la mine de gens attristés d'avoir vu représenter d'aussi grands malheurs. Ces personnes, venues au théâtre pour s'amuser,

s'en retournant l'air désolé, me font beaucoup rire.

Je donne cette note comme opposition à
la vision de l'omnibus, les soirs où l'on
joue à l'Odéon le *Malade imaginaire*, le
Médecin malgré lui, où les spectateurs voyageurs rient encore en donnant leurs six
sous, — à moins que tout l'omnibus ne
soit endormi d'une façon encore très odéo-
nienne.

Le rire des employés de ministère est le
rire de vieux collégiens. Le ministère n'est
qu'un grand bahut. On y rit pour un rien,
— pendant que l'on rit on ne travaille pas,
— c'est le grand travail, chercher à ne rien
faire, — et ce qu'on y arrive!...

Alors on rit de ceci, de cela, de pas
grand'chose, de rien du tout, des moindres
potins de la grande ville, des histoires de
toutes petites actrices, on y fait des imita-
tions d'acteurs comiques, — et c'est un
rire énorme. On rit de tout : du ministre,

des chefs, des sous-chefs, des garçons de
bureau. Il n'y a qu'une chose qui ne fasse
pas rire : c'est l'avancement ou la décora-
tion du voisin ; on rit à tout casser quand
il arrive quelque malheur conjugal au sous-
secrétaire ou à quelqu'un de sa famille.

Le rire des employés de ministère a sa
place dans cette étude, comme un des rires
les plus intenses qu'on connaisse. Ne dit-
on pas toujours : rire à gorge d'*employé* ?

Chapitre VII

Le rieur perpétuel. — Le rieur qui ne rit pas.

Il y a l'homme qui rit par habitude. Un
rien le fait rire. Il rit partout, à table, en
voiture, au théâtre, à l'enterrement, il rit
en prenant un bain chaud, en entendant
raconter de grands malheurs.

C'est un gai compagnon, mais agaçant à
la fin.

Il arrive chez vous — on n'est pas toujours disposé à rire, surtout si l'on pense
à ces individus trop riants, — vous entendez un éclat de rire dans l'escalier. C'est le
rieur qui monte et qui rit tout seul, rien

qu'à l'idée que vous allez pouvoir le faire rire en lui racontant quelque chose de rigolo. Dieu vous garde de cet homme qui a toujours la bouche fendue jusqu'aux oreil-

les, les sourcils en accents circonflexes, les yeux brillants, bridés et pleurants! Quel fléau! Il vous guérirait de l'amour du rire.

Il sonne en riant, il entre en riant, vous lui dites que vous avez des palpitations et qu'au fond, vous craignez le début d'une maladie de cœur. Il rit à se tordre en en-

tendant cette confidence, il est persuadé,
lui, le rieur, que *vous la lui faites
à la maladie.* Vous insistez, il rit davantage.

Vous lui faites tâter votre cœur, il rit
tellement qu'en tâtant et en riant, il bourre
de coups de poing votre pauvre cœur. Ce
rieur est un bourreau.

Il n'y a qu'une chose à opposer à ces
rieurs exagérés : un flegme sévère. Pendant
que l'homme qui rit pousse ses intermina-
bles éclats de rire, ayez un visage morne,
regardez le rieur avec des yeux désolés.
Peut-être arriverez-vous à le désarmer ; —
à moins que le malheur ne veuille que, tout
en étant sincère, vous ayez une figure comique, alors le rieur repartira de plus belle,

et criera en riant que vous avez une tête
impayable !

Si vous n'êtes pas armé d'une indiffé-
rence de fer contre ce bonhomme assommant, il n'y a qu'un moyen de lui échapper :
voyager, mettre des distances entre lui et
vous... Car le rieur sempiternel est collant
par-dessus le marché ; vous pourrez tout
faire pour l'éviter, il ne vous ratera pas,
lui, et sera, dès l'aube, chez vous à vous
rire au nez.

Il n'est pas de plus triste compagnon
que cet homme à qui tout rit et qui rit à
tout. On en arrive à lui souhaiter d'épouvantables catastrophes pour lui voir un
visage sérieux. Hélas ! les malheurs ne

·sont pas faits pour ces joyeuses natures!

Il vous quitte en riant, vous voulez savoir s'il va encore rire dans l'escalier. Le rieur rit en dégringolant vos quatre étages. dit quelque chose au concierge, qui ne rit pas, et s'en va en riant, — vous laissant des bourdonnements de rire dans les oreilles.

A côté du rieur perpétuel, il y a le rieur

qui ne rit pas, mais pas du tout, le rieur qui ne rit jamais. Ce rieur est exceptionnel — heureusement pour l'humanité! — Celui-ci est aussi assommant que celui qui rit trop. Étant donné l'esprit de contradiction que chacun porte en soi, l'homme qui ne rit pas nous est odieux quand nous avons envie de rire.

Il est si bon, lorsqu'on a une belle farce à raconter, lorsqu'une vraie joie nous arrive de la dire à un visage ouvert et bien mobile, se mettant aussitôt à l'unisson de notre bonheur.

Il est si bon de voir une physionomie s'éclairer et refléter le plaisir qui nous transporte, d'entendre partir l'éclat de rire à l'endroit juste où le récit devient irrésistible.

C'est bien fâcheux de rencontrer l'homme

qui ne rit pas au moment où l'on est plein de l'événement heureux qui transforme notre existence. Vous faites part de votre

grande joie à l'homme qui ne rit pas, et
vous vous dites : « Je suis si content qu'il
va rire cette fois — une fois, pas plus ! —
une fois seulement, pour me faire plaisir.
C'est si gai, si heureux pour moi, si drôle,
si immanquable comme effet, qu'il va rire.
Nous allons nous esclaffer, nous tordre
ensemble la joie qui me réchauffe des pieds
à la tête va le gagner, le réchauffer ! »

Vous commencez votre récit, vous le
dites avec entrain, la sueur perle sur votre
front, votre physionomie est étonnante
d'expression communicative, vous avez des
larmes de plaisir dans les yeux, de grosses
larmes — si abondantes que vous ne voyez
pas la face de carême du monsieur qui ne
rit pas, vous dépensez une verve inouïe,
vous éclatez de rire : « Figurez-vous que...

euh! euh! euh! Alors il me dit... hi! hi!.
hi!... que je suis nommé... eh! eh! eh!...
Cette chose énorme en août... ouh! ouh!
ouh! Et moi... ah! ah! ah! Je lui dis que
ce sont des mots... oh! oh! oh! pas du
tout des faits eh! eh! eh! »

Le monsieur qui ne rit pas ne bronche
pas en vous écoutant. Au milieu du récit,
il se dit : « Je ne peux pourtant pas enten-

dre tout cela avec ma figure de plâtre;
faisons un effort. » Il fait un immense
effort de muscles et accouche d'une grimace qu'il veut faire passer pour un sourire d'approbation — mais cette grimace.

est si laide, si douloureuse, l'homme qui ne rit pas *s'embête* tellement en vous écoutant que vous finissez par vous apercevoir de sa froideur et cela coupe, net, votre hilarité.

Vous laissez vite ce gêneur, ce masque de bois, cet imbécile qui ne connaît pas la plus grande jouissance de ce monde, « rire », et vous le lâchez en lui disant : Zut ! Et c'est tout ce qu'il mérite.

Il est trop bête ou trop envieux !

Chapitre VIII

Le rire complaisant. — Le faux rire complaisant. —
Le rire des ratés. — Le mauvais rire. — Le rire
du portier. — Le rire jaune.

A Paul Hervieu.

L A cause du rire complaisant est dans l'indulgence excessive, dans les sentiments d'infériorité d'un subordonné pour son supérieur; c'est une espèce de dette de reconnaissance qu'un obligé acquitte en écoutant celui qui lui a rendu service, quand le bien-

faiteur raconte quelque chose de drôle,
c'est le suffrage exagéré d'un monsieur qui
mettra bientôt à contribution l'obligeance
d'un autre monsieur, c'est l'aplatissement

d'un individu au cœur un peu domestique
devant un autre individu. Le premier venu
lui annonce une histoire à mourir de rire;
comme toutes les histoires à mourir de
rire, elle n'est pas drôle, mais l'individu au
cœur domestique s'esclaffera. Le rire complaisant sera volontiers le rire du pied-plat.

Le rieur complaisant rit à tout ce qu'on
lui dit, — ça lui est égal; il n'a pas de pré-
férence, il est complaisant. Sa joie n'a pas
de degré, il rit sans plaisir quoiqu'il ait

l'air de s'amuser, le vrai rieur complaisant possédant toutes les apparences d'un homme qui éprouve une véritable joie. Ce rieur-là a l'air sincère, c'est pourquoi il est si perfide. Son rire trompe merveilleusement le gai raconteur qui se fie là-dessus et se dit en écoutant rire le rieur complaisant : « Oh ! oh ! c'est joliment drôle, ce que je lui ai envoyé là. » Le gai raconteur, très content de l'effet produit, en conclut que sa drôlerie sera excellente à colporter, il l'essaie devant des rieurs sincères — vraiment sincères, ceux-là — et remporte une veste complète. Personne ne sourcille. C'est le rieur complaisant, qui l'a mis dedans.

ÉFIEZ-VOUS de ces rieurs !

Il y a le faux rieur complaisant. Celui-là, on le reconnaît après quelques éclats de rire, on voit que son rire l'ennuie et qu'il ne veut que flatter votre manie. Alors on se méfie en apercevant des yeux faussement allumés, un rictus forcé, des traits qui grimacent péniblement au lieu de donner le bel épanouissement du rire véridique. On sent que ce faux rieur complaisant est un blagueur malhabile qui n'a pas la force de vous faire croire que les choses que vous donnez comme amusantes sont ennuyeuses comme la pluie.

L a nuance est assez fine à saisir : le faux rieur complaisant s'amuserait sans doute beaucoup s'il entendait quelque chose de vraiment drôle, tandis que le vrai rieur complaisant rira énormément à n'importe quelle fadaise, à n'importe quelle balourdise, bonne ou mauvaise. Il mettra à votre disposition son rire menteur.

Ce rieur-là ne s'amuse pas du tout en

vous écoutant et mesure l'intensité de son rire à la grandeur des services que vous avez pu lui rendre.

Si vous lui avez par hasard prêté de l'argent, il rira d'autant plus que la somme que vous lui avez prêtée sera plus importante.

Vous pouvez vous méfier quand c'est un rieur à qui vous avez avancé une jolie

somme, vous devez croire que ce qui le fait rire, c'est la pensée qu'il ne vous rendra jamais votre argent. Ce qui est fort comique — pour celui qui ne rend pas l'argent.

Le rieur complaisant semble doué de trésors de bienveillance, d'aménité; —

aucunement, sa complaisance est la manifestation d'une âme subalterne, ce rieur a des instincts de valet. Il aime *servir* son

rire comme un domestique sert des rafraîchissements dans un bal, il rit à tout, pour tous.

A part lui peut-être méprise-t-il l'homme hilarant qu'il écoute, et comme le rieur complaisant n'a aucune dignité, il rit dès

que son semblable — qui est son supérieur — ouvre la bouche en en annonçant *une bien bonne.*

Quel rire assommant que celui de ce rieur
menteur! Sitôt qu'il y en a plusieurs dans
une réunion où quelques hommes gais
exercent leur verve, on entend éclater les
rires complaisants; l'observateur, qui regarde et écoute bien, s'aperçoit vite que ces
rires n'ont rien de joyeux, **que** leur éclat
est froid, qu'ils ne reposent sur aucune
conviction, que leurs Ah ! ah ! ah! — ou
leurs Oh ! oh ! oh ! — sont bruyants, mais
blancs comme on dit au théâtre, qu'ils
n'entraînent pas, que l'on ne se met pas à
rire en les écoutant, ce que l'on fait quand
éclatent à l'oreille les rires de gens qui se
donnent vraiment une bosse de rire, —
et avec qui il faut faire presque aussitôt
assaut de ventres secoués. Les éclats de
rire du rieur complaisant n'intéressent
personne au monde.

ꞮEN des ratés qui n'ont pas le courage de montrer leurs mauvais sentiments, envie, jalousie, haine, sont des rieurs complaisants. Ces ratés-là, plus ils ont conscience de leur vilaine nature et besoin de cacher leur ratage, plus ils rient complaisamment à tout ce qu'ils entendent de soi-disant drôle, mais ils rient surtout à éclater quand un véritable imbécile bien gonflé de lui-même leur raconte une stupidité prétendue comique, alors le rire complaisant des ratés est formidable, ils mettent dans leur joie feinte toutes les fureurs de la vengeance...

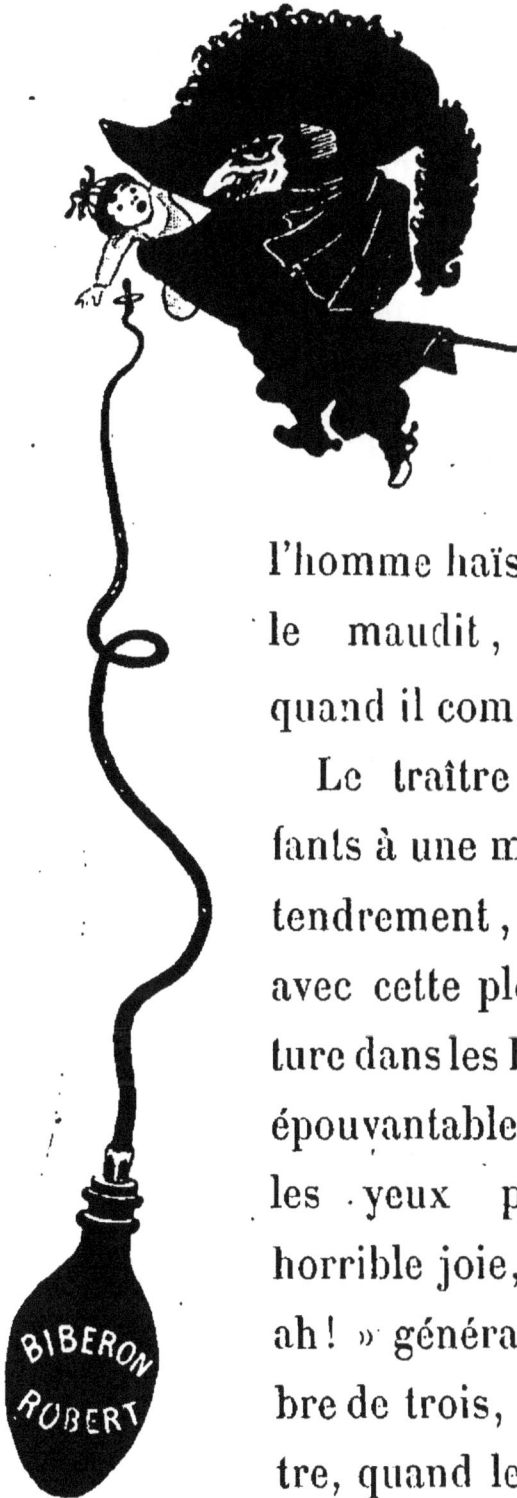

Le mauvais rire.—Le «mauvais rire » dont il est tant question dans les romans et dans les drames est le rire que l'homme haïssable, le traître, le maudit, fait entendre quand il commet ses forfaits.

Le traître enlève des enfants à une mère qui les aime tendrement, — il s'enfuit avec cette pleurante progéniture dans les bras, et, un rictus épouvantable sur le masque, les yeux plissés par une horrible joie, ses : « Ah! ah! ah! » généralement au nombre de trois, quelquefois quatre, quand le traître est plus méchant, sont effrayants de sécheresse ; ils rappellent le bruit que les potaches obtiennent quand ils font claquer deux morceaux d'ardoise entre leurs doigts, mais mille fois plus fort... d'une dureté abominable, — rire d'homme sans aucune espèce de cœur, je dirai presque sans entrailles, — car ils ont généralement peu de ventre, les traîtres, la méchanceté n'engraisse pas.

Ah ! ah ! ah ! — l'homme haïssable vient d'incendier une maison. Une jeune vierge est fiancée à un très grand seigneur, fort riche ; le mariage a lieu demain.

Dans la nuit, le maudit vient enlever la jeune vierge et l'emporte dans la montagne !... Ah ! ah ! ah ! Ah ! ah ! ah ! — Le traître a volé tout

l'or de ses anciens maîtres! Il a rompu les
digues avec quelques hardis pontonniers,
l'eau arrive à flots, c'est l'inondation!!!
la dévastation!!! la mort pour de braves
villageois au milieu desquels vit celle qui
n'a pas voulu de lui comme époux!...
Tant pis! qu'ils meurent tous!!! Ah! ah!
ah! ah!

Le rire infernal que fait entendre Mé-
phistophélès est un mauvais rire, le rire
de Don Juan aussi, celui d'Yago empoi-
sonnant l'âme du noir Othello n'est pas
un excellent rire. Si Tartufe riait, ce serait
sûrement d'un mauvais rire. Mordaunt,
des *Trois Mousquetaires*, a un bien mauvais rire. J'en passe... et des plus mauvais!

Le « mauvais rire » est terriblement
ironique et railleur.

En descendant des hauteurs lyriques
dans lesquelles planent les illustres personnages que nous venons d'évoquer, on

peut s'arrêter au « mauvais rire » que
l'on entend dans l'escalier le jour du terme
le rire du portier qui vous apporte la quit-
tance de votre loyer.

Oh! le mauvais « *mauvais rire* » que le
rire du portier!...

Le rire jaune est celui des
gens qui ont la jaunisse, c'est
aussi celui des maris trompés.

Le rire-jaune est celui des
envieux, des ratés affreusement bilieux,
des *sécots* qui donneraient tout au monde
pour ne pas rire et qui jaunissent en riant,

tant ça les navre de rire. Ils ressemblent
à des citrons désespérés.

Ces malheureux sont obligés de rire (il
y a des choses indispensables qui les y
contraignent — rien ne peut les sous-
traire à ces choses). Alors ils deviennent
jaunes et rient jaune.

On dirait de la bile qui rit. Ils feraient
joliment bien de rire dans un pot de
chambre, ces vilains bonshommes-là!

Oh! les laids rieurs, j'allais dire les pos-
térieurs que les rieurs jaunes!

Chapitre IX

Le rire des jeunes filles en écoutant un monologue.

C'était chez madame de B... il y a quelques années, dans un salon où il n'y avait que des jeunes filles de seize à dix-huit ans.

Je disais la *Famille Dubois* du rieur âpre, américain et irrésistible Charles Cros auquel la France est redevable de tant de jolis monologues depuis l'*Obsession* et le *Bilboquet* jusqu'à et y compris le

12

formidable *hareng
saur*.

C'est là que j'ai
entendu le plus
rire de ma vie.
Tout ce jeune pu-
blic en robes
blanches et roses,
au bout de quelques minutes de
Famille Dubois, était *fauché* par
un rire d'ouragan. Toutes les
jeunes filles avaient l'air de *sa-
luer* chaque Dubois qui passait,
et il y en a des Dubois dans ce
monologue !

C'était extraordinaire à voir et
un peu effrayant à entendre ; car,
avant d'être pris moi-même par un
fou rire intérieur, je songeais à
l'état épouvantable dans lequel
devaient être les charmantes rates
de ces jeunes personnes *coupées*

en deux sur leur chaise par le rire fou de Charles Cros.

J'ai fini la *Famille Dubois* en riant du rire convulsif de l'auditoire et je n'ai eu que le temps d'aller tout de suite après

dans la pièce à côté me tenir les côtes très compromises par ces éclats de rire.

Je le déclare très sérieusement, jamais je n'ai entendu rire avec une pareille violence...

Entends-tu, gros moine de la rue de Douai!!!

CHAPITRE X

Le rire de l'héritier.

Celui-ci est un rire mouillé de larmes, mais qui n'a rien de printanier et qui ne rappelle en rien le rire des amoureux élégiaques qui sourient à travers de jolies larmes cristallines. On sent dans la physionomie de l'héritier quelque chose de grimaçant.

S'il y avait des larmes sèches, celles qu'il verse le seraient — et ne mouilleraient pas son museau de crocodile.

Le rire est au fond des traits, la douleur est feinte et peinte en mauvaises couleurs ; il geint, s'essuie, se tamponne le nez ; — et quand il sent qu'on ne le regarde pas, il

s'assure que personne n'a l'œil sur lui, pour pouffer de rire, d'un rire silencieux, mais énorme ; il s'esclaffe, s'esbaudit largement — sans bruit — à la pensée de la perte du cher mort ou de la chère morte qui lui laisse un gros sac. Rire infect et grotesque que l'on aperçoit dans des

voitures de deuil — derrière bien des cor-
billards! Dans l'église, on croit entendre

quelquefois un sanglot, c'est un éclat de
rire qui ressemble à un hoquet de douleur
et qui est un bel hoquet de joie irrésistible
que rien ne peut combattre ni calmer,
pas même la sainteté du lieu. Le savoir
mort, *lui!* et pouvoir bien *boustisfailler*,
bien *rigoler* avec sa fortune, gagnée à la
sueur d'un front honnête, — quelle
joie!

Ah! le sale rire!... qui fait rire — excepté
ceux qui n'héritent pas ou qui sont déshé-

rités et qui roulent des yeux effrayants, ce qui fait rire davantage les pleureurs croco-dilesques, les rieurs macabres, les héri-tiers !

Chapitre XI

Le rire de Molière.

Voilà le rire dont on ne se lassera jamais.

A toutes les époques il y a eu bien de l'engouement pour certains rires éphémères. Le rire de notre grand comique a traversé deux siècles ; il est plus jeune que jamais !

Il se perpétuera d'âge en âge et sera le dernier qu'on entendra quand les derniers survivants de notre race pousseront leur dernier éclat de rire. Ils riront encore à Molière.

13

Le comique du grand Français est si large, si simple, que nous rions et que nous applaudissons charmés, conquis par ce style lumineux et brave.

Le rire de Molière repose et rend meilleur. C'est bien le rire des honnêtes gens. Et quand on pense que Poquelin trouvait que ce n'était pas une mince besogne de faire rire les honnêtes gens! cela lui était si facile! — Elle est innombrable la quantité de gens très honnêtes qui, depuis deux cents ans, ont ri aux comédies françaises du fils du tapissier, qui se sont

épanoui la rate et le cœur à ce magnifique
répertoire, dans lequel Molière a touché à
presque toutes les passions, aux vices ca-
pitaux, à tous les ridicules.

Après avoir ri aux ouvrages d'autres
auteurs qui ont su aussi réjouir les foules,
on revient à Molière comme au maître
suprême du rire.

On sort du théâtre, solidifié, avec une
provision de joie, quand on a entendu une
pièce de Molière et aux heures sombres
de l'existence si la pensée se souvient du
puissant rieur, elle est réconfortée par le
plus beau rire de la France.

On a dit que, comme le feu, le rire purifie; le rire de Molière a surtout le don
d'assainir, de détruire les miasmes qui
empoisonnent nos cerveaux. Après avoir
lu certaines œuvres modernes où le pathos
et les pornographies nous contaminent
l'intellect, allons nous nettoyer, nous retremper l'esprit au rire de Molière.

De son vivant on a appelé Molière le *contemplateur*, aujourd'hui on peut l'appeler le *réparateur*.

Vive le rire de Molière !

Chapitre XII

TABLE DES MATIÈRES

CHAPITRE PREMIER

CHAPITRE II

CHAPITRE III

CHAPITRE IV

CHAPITRE V

Paris. — Typ. Georges Chamerot, 19, rue des Saints-Pères. — 20656

www.ingramcontent.com/pod-product-compliance
Lightning Source LLC
Chambersburg PA
CBHW050023100426
42739CB00011B/2768